Henning Pawel · Peter Nieländer

Hundegeschichten

Dieses Buch gehört:

Henning Pawel

Hundegeschichten

Mit Bildern von Peter Nieländer

Ravensburger Buchverlag

Die Deutsche Bibliothek – CIP-Einheitsaufnahme

Ein Titeldatensatz für diese Publikation ist bei
Der Deutschen Bibliothek erhältlich

**Die Schreibweise entspricht den Regeln
der neuen Rechtschreibung.**

1   2   3   4   04   03   02   01

Ravensburger Blauer Rabe – Leserabe
© 2001 Ravensburger Buchverlag Otto Maier GmbH
Umschlagbild: Peter Nieländer
Redaktion: Burkhard Heiland
Printed in Germany
ISBN 3-473-34451-6

www.ravensburger.de/buchverlag

Inhalt

Jesper, der Aufsteiger

Es gibt Menschen und es gibt Hunde. Und es gibt Hundemenschen. Ich bin so einer. Wenn in meinem Hause kein Hund heult, dann heule ich selbst. Und das klingt dann so: „Huh, huhu, huh. Ich will wieder einen Hu-hu-hund."
Meine Frau Edith hört sich das eine Zeit lang an und sagt dann: „Hör auf zu heulen, sonst müssen wir noch Hundesteuer für dich zahlen."
Ich aber kann nicht aufhören und heule immer weiter. „Hu-hu-hu, ich will wieder einen Hu-hu-hund."

Wenn ich Edith die Ohren genügend vollgeheult
habe, sagt sie dann immer: „Also meinetwegen,
hol dir wieder so ein Schlappohr."
Auch beim letzten Mal, als unser guter alter
Churchill, ein wunderbarer Englischer Bulldogg,
von uns gegangen war, heulte ich wochenlang.
Bis meine Edith erklärte: „Nun geh schon und
hol dir wieder einen Hund ins Haus. Es ist ja kein
Leben ohne."
Ich rannte sofort los ins Tierheim, direkt zur
Leiterin und sagte: „Hallo, Rosalie, hast du einen
Hund für mich?"

Sie schlug die Hände zusammen und fragte:
„Einen? Ich habe zweihundert für dich."
„Zweihundert bitte nicht", rief ich. „Aber einen
unbedingt."
„Dann geh und such dir einen aus", sagte Rosalie.

Ich rannte sofort los. Schon von Weitem hörte
ich die traurigen Lieder der eingesperrten Tiere.
Und dann sah ich sie auch schon hinter ihren
Gittern sitzen. Hunde über Hunde. Große und
kleine, weiße, rote, braune, gelbe. Und schwarze
natürlich auch.
Bei jedem klopfte mein Herz wie verrückt und ich
grinste jeden Einzelnen glückselig an. Und sie alle,
ob Spitz, Dackel, Spaniel, Boxer oder Mischling,
grinsten sofort zurück.

Voller Hoffnung, endlich rauszukommem aus
dem Tierasyl und wieder rein in normale Hunde-
verhältnisse.

Plötzlich machte mein Herz einen Satz. Ein Hund!
Und was für einer! Er sah unglaublich aus. Fast
so toll wie eure Mutti, wenn sie vom Frisör kommt.
Locke an Locke, rotweiß gefärbt, Beine wie eine
Tänzerin, der Schädel eleganter als ein Ferrari.
Ohren wie lange flauschige Gardinen, Augen wie
schwarze Diamanten und einen Schwanz, der zum
Himmel ragte wie die große Kletterstange auf dem
Oktoberfest.

Ich sagte: „Komm ein bisschen näher. Ich möchte
dir die Pfote schütteln." Er aber kam nicht und sah
an mir vorbei. Weit weg in unbekannte Fernen.

Ich fragte: „Probleme, Kumpel?"

Und wisst ihr, was der Hund erwiderte?

„Yes, Sir."

„Was heißt hier ‚Yes, Sir'?", fragte ich verdattert.
„Bist du vielleicht Engländer?"

„Man muss kein Engländer sein, um englisch zu
sprechen", erwiderte er würdevoll.

„Was dann?"

„Ein Engel", erklärte der Hund. „Wusstest du nicht, dass Englisch auch die Sprache der Engel ist?"

„Nein, das wusste ich nicht", sagte ich. „Aber wieso bist du ein Engel?"

„Weil ich nichts tue", sagte der Hund und gähnte. „Engel tun nichts. Nicht die Bohne. Deshalb bin ich einer."

„Ach, so ist das", rief ich. „Du willst sagen, dass du niemandem etwas Böses tust, ihn nicht beißt oder erschreckst und deshalb ein Engel bist?"

Doch der Hund antwortete schon nicht mehr. Er lag, die Pfoten unter dem Kopf, nachdenklich in seiner Tierheimbox.

„Ich nehme dich mit, Kumpel", sagte ich wild entschlossen. „Einen Engel trifft man nicht alle Tage. Noch dazu einen mit rotweißen Locken. Wie heißt du eigentlich?"

Er wedelte kurz mit dem Schwanz und sagte: ‚Yes, Sir.'"

„Wie bitte?", fragte ich verdutzt. „Soll das heißen, dein Name ist ‚Yes Sir'?"

Er nickte wieder. „Yes, Sir."

„Abgelehnt", rief ich. „Tut mir Leid. Einen Hund, der ‚Yes Sir' heißt, kann ich nicht gebrauchen."

„Warum nicht?", fragte er.

„Weil niemand ‚Yes, Sir' heißt. Oder kennst du einen Typen, der sich ‚Ja, mein Herr' nennt? Aber mir ist eben ein wirklich cooler Name für dich eingefallen. Ich nenne dich nicht ‚Yes, Sir', sondern Jesper. Das hört sich fast genauso an."

„Jesper", murmelte der Hund. ‚Yes, Sir' finde ich besser. Aber du musst wissen, was du tust."

Wir nahmen Abschied von der lieben Rosalie und verließen das Tierheim. Draußen bestieg ich mein Fahrrad und sagte: „So Freund Jesper, jetzt zeig doch mal, was du in den Beinen hast. Deine Muskeln sehen ja sagenhaft aus. Wie bei Arnold Schwarzenegger."

„Besser", sagte er und gähnte. „Arnold hat nicht eine einzige Locke auf den Pfoten. Ich aber habe vierzehntausend."

„Vierzehntausend Locken?", sagte ich verblüfft.

„Zählst du die etwa?"

„Ich –", er prustete verächtlich, „ich lasse sie mir zählen. Es gibt eine Menge Hundeladys, die auf Locken stehen."

Ich fuhr los. Meine Lockenpfote trabte nebenher, allerdings nur fünfzehn Meter. Dann hörte Jesper auf zu traben und legte sich in voller Länge mitten auf die Straße. Ich traute meinen Ohren nicht. Nach fünf Minuten fing der Typ schon an zu schnarchen. „Schläfst du gut?", fragte ich.

„Yes, Sir", sagte er. Und dann: „Ich bin hunde-müde."

„Konditionsmangel." Ich nahm ihn auf den Arm.

„Keine Angst, das geht vorbei."

Es ging aber nicht vorbei, denn Jesper lehnte
Fahrradtouren ab. Ich saß noch gar nicht richtig
oben, da legte sich der faule Hund schon lang und
lief nicht einen Zentimeter mehr. Ich schwitzte vor
Verlegenheit, die Leute lachten sich halb tot und
manchmal stauten sich die Autos bis auf sieben
Kilometer, weil Jesper auf der Fahrbahn lag.
So ging das viele Wochen. Kaum war ich auf
mein Rad gestiegen, da sank Jesper schon zu
Boden. Ich wär am liebsten immer in ein Mause-
loch gekrochen. Doch die gibt es leider nicht auf

unseren Straßen. Nur Schlaglöcher. Und da wollte
ich nicht rein.

Eines Tages, wieder lag der faule Hund in voller
Lebensgröße auf dem Rücken und wollte nicht
vom Fleck, da kam mir endlich die Idee, die alles
ändern sollte. Ich packte Jesper, schleppte ihn
huckepack zurück nach Hause und ging sofort ans
Werk. Ich schnallte einen großen Wäschekorb
hinten auf mein Fahrrad. In dem lagen früher
unsere Kinder, unsere Katzen, alle Hunde, immer
unsere Bügelwäsche und nun auch bald die
Lockenpfote Jesper.

Dann ging's hinaus auf Tour. Wie erwartet, schon nach zwanzig Metern bewegte Jesper keine Pfote mehr.

Diesmal aber fuhr ich weiter und zeigte dabei auf den Wäschekorb: „Du siehst hier deine letzte Chance. Wenn du müde wirst, dann spring hinein. Wenn nicht, dann bleibst du auf der Straße liegen. Ich hab die Schnauze voll von dir."

„Ich auch von deinem Fahrradstress", kläffte Jesper ziemlich giftig. Dann rief er mir noch hinterher: „Wer einfach so einen Hund aussetzt, kommt in den Knast."

„Du sitzt ja nicht, du liegst", rief ich zurück und
trat in die Pedale. Auf einmal hörte ich hinter mir
ein lautes Keuchen. Jesper lief zum ersten Mal
Galopp. Schon war er da und sprang mit
elegantem Satz in seinen Korb. Dort saß er wie
ein Osterhase und sah nach unten auf die Straße.

„Bequem?", fragte ich nach hinten.
Er überlegte eine Zeit lang und knurrte dann:
„No, Sir. Ich habe schrecklich Angst." – „Wovor?"
„Dies hier ist ein Wäschekorb. Und wenn deine
Edith wieder mal der Bügelteufel packt, dann
fängt sie immer furchtbar an zu bügeln. Und mich
vielleicht gleich mit."

„Du wirst bei uns in jedem Jahr ein einziges
Mal gewaschen", sagte ich. „Gebügelt aber nie.
Das schwör ich dir in deine Lockenpfote."
Jesper war total erleichtert, sprang nun wieder
aus dem Fahrradkorb und raste blitzschnell
nebenher.

Auch die anderen Leute waren schwer begeistert
von meinem rotgelockten Fahrradhund. Solche
Sprünge schaffte keiner. Er hüpfte in die Lüfte wie
ein Gummiball und schlug dabei drei Purzelbäume.

Es war ein wunderbarer Anblick. Von Stund an war das Spiel gewonnen. Jesper lief und sprang dann in den Korb. Ich aber konnte endlich, endlich Fahrrad fahren. Das Leben wurde wieder schön. Noch schöner wurde es, als Jesper eines Tages auch bei andern auf die Räder stieg. Ein cooler Sprung, schon war er oben und fuhr ein Stück des Weges mit.

Die Radler freuten sich. „Schön, dass du dich mal sehen lässt, mein lieber Jesper. Wie geht's, wie steht's?"

„Vegetarisch geht's", erklärte dann der Hund. „Diese Edith kocht am liebsten Vollwertfutter, als ob ich eine Ente wäre. Immer nur Futter mit ‚i': Kohlrabi, Müsli, Brockoli. Sonst aber geht's mir glänzend."

Doch manchmal gab's auch Leute, die Jesper gar nicht gern auf ihrem Fahrrad hatten. Auch unser guter, alter Pastor Dost wurde immer ganz erbost. Er packte Jesper am Genick und jagte ihn von seinem Rad. Doch mein cooler Hund saß schon nach zwei Minuten wieder oben.

„Frecher Hund. Willst du wohl runter!" Grimmig
griff der Pastor jetzt nach Jespers Fell.
Doch Lockenpfote, unverdrossen, sprang schon bei
einem anderen auf, der in die Gegenrichtung fuhr.
Eines Tages stieg mein Hund auch bei der Frau
von Polizeirat Butterbeutel auf. Noch am selben
Tage wurden wir verhaftet und dem strengen
Manne vorgeführt. „Es gibt viele schwarze Schafe
hier in meiner schönen Stadt und neuerdings auch
Hunde mit tiefschwarzen Seelen, die schwarz-
fahren", schnaufte er und sah uns grimmig an.
„Dieser Lockenkopf gehört dazu."

„Ein rot und weiß gefleckter Hund wie Jesper fährt doch niemals schwarz", widersprach ich heftig.

„Der fährt immer nur …" – „… rotweiß", rief Jesper und sah den Polizeirat mit großen Augen an.

„Wer ist dann bei meiner Frau Carola schwarz-gefahren?" Butterbeutel schnaufte ärgerlich.

„Vielleicht der schwarze Mann?"

„No, Sir." Jesper winkte mit der Pfote ab. „Das kann nur Amalie Black gewesen sein."

„Wer bitte ist Amalie Black?", fragte Butterbeutel streng.

„Eine schwarze schwarzfahrende Katze." Jesper seufzte wichtig. „Amalie Black fährt immer schwarz. Aus Prinzip und weil sie sich die teure Wochen-karte für die Straßenbahn nicht leisten kann."

„Verschwindet", krächzte Butterbeutel ärgerlich. Und zu Jesper sagte er: „Noch ein einziger verbotener Sprung bei meiner Frau Carola hinten drauf, dann wirst du festgenommen und musst sitzen."

„Ausgehüpft, mein Freund", sagte ich zu Jesper, als wir wieder draußen waren. „Die Welt ist schlecht und Polizeiratsfrauen manchmal ziemlich dumm. Versprich mir in die Hand, nur noch bei allerbesten Freunden hinten aufzuspringen. Doch niemals mehr beim öffentlichen Dienst und schon gar nicht bei der Polizei."

Jesper reichte mir die Pfote und versprach's. Doch nur bis unser Postmann Eugen, auf seinem Dienstrad angestrampelt kam. Da sprang Jesper wieder los. Zum Glück bekam ich ihn gerade noch am Schwanz zu fassen, sonst wäre es geschehen. Eugen hatte nichts bemerkt und tat weiter seine Pflicht. Er bringt die Post seit vielen Jahren.

Jesper gab sich schrecklich große Mühe. Er wollte
wirklich nicht mehr springen, doch immer wenn
ein Fahrradfahrer kam, war es um ihn geschehen.
Egal, ob Richter, Oberst oder Präsident, es zuckte
meinem Hunde immer sofort in den Beinen.
Er hüpfte los und saß schon oben. Der Polizeirat
Butterbeutel schmierte schon die Zuchthaustür
und Edith, meine gute Frau, kam aus den Sorgen
nicht mehr raus.
„Unsre Lockenpfote wird der erste Hund der Welt-
geschichte, der im Kerker schmoren wird. Diese
Schande übersteh ich nicht."
Wieder bat ich Jesper aufzuhören. Er versprach's
und sprang doch los.
Schließlich kam von einer guten, alten Nachbarin
die Rettung. Sie heißt Doris Rutkowski und
versteht sehr viel von Hunden. Sie hat schon
mehr als zwanzig Hunde gehabt, darunter sieben,
die fürs Leben gerne Fahrrad fuhren, und wusste
sofort, was zu tun war.
„Gegen einen Fahrradhund wie deinem", sagte
Doris, „hilft nur noch ein Gartenschlauch. Leg dich

hinter unsere Hecke und halte ihn bereit. Wenn
Freund Jesper wieder oben sitzt, dann wird er –
Wasser Marsch! – gleich abgespritzt."
Gesagt-getan. Es dauerte auch gar nicht lange,
da fuhr mal wieder Postmann Eugen auf seinem
Dienstfahrrad daher. Es kam, wie's kommen

musste. Ein rot und weiß gelockter Blitz, die langen
Hundeohren flogen und Jesper fuhr mal wieder
schwarz auf einem gelben Rad.
Postmann Eugen schrie ganz laut nach „Hilfe!",
dann schrie er auch noch „Überfall!" Er griff in
seine Tasche und suchte nach der Dienstpistole.
„Die Lockenpfoten hoch, sonst wird geschossen."
Das aber tat nun ich und richtete den Garten-

schlauch auf meinen Hund. Jesper wurde kalt
erwischt und gleich vom Dienstfahrrad gezischt.
Der Postmann Eugen leider auch. Volle dreißig
Meter schwemmte ihn der Wasserschwall davon.
Seit jenem Wassertage bringt er uns keine Briefe
mehr. Nun schon volle neunzehn Wochen lang.
Erst wenn wir um Vergebung bitten, will er wieder
Briefe bringen. Ich habe es schon längst getan mit

viel Reue und mit Wein. Jesper aber sagt noch immer nein. „Ich und mich entschuldigen, bei einem Typen von der Post? So was macht kein Hund mit Ehre."

„Die Gründe dafür würd ich gerne wissen, alter Freund. Ist das wieder eine deiner irren Storys?"

„Ist es", rief mein Hund und sprang gleich hoch. Wohin? Das kann sich jeder selber denken. Gerade jetzt, in diesem Augenblick, sitzt mein rot und weiß gelockter Hund hinter mir in seinem Korb. Ich fahre Rad und er erzählt. Und weil die Geschichte schrecklich spannend ist, fahr ich gleich ein Stückchen weiter bis zu euch. Und ihr macht einfach, was auch alle Hunde immer gerne tun: Die Ohren spitzen.

Das schwere Los von Karsten Post

Gar nicht weit von hier, dort wo der Hirnzigenweg
auf die Max-Liebermann-Straße trifft, gab es mal
einen Briefkasten. Er hieß Karsten Post und war
schon neunundvierzig Jahre alt. Jeder in der
Gegend kannte ihn und mochte ihn auch sehr.
Karsten war noch einer von den guten, alten
Briefkästen mit riesigen Ohren und dickem Bauch,
in den eine Menge Briefe hineinpassten. Er war
so beliebt, dass sogar die Leute aus den Vororten
kamen, nur um keinem anderen als ihm ihre Briefe

anzuvertrauen. Doch noch mehr als die Menschen
unserer Stadt liebten ihn die Hunde. Das lag zum
einen daran, dass Karsten immer sehr geduldig
lauschte, wenn sie ihm von ihrem Kummer oder
ihrer Freude erzählten. Kurz gesagt, Karsten
mochte Hunde sehr, noch mehr aber ihren Gesang
bei Mondschein, und er hätte um nichts auf der
Welt eines ihrer Konzerte versäumt. Und er sorgte
sich auch immer um alle seine Hundefreunde.
Wenn draußen schlechtes Wetter war und so ein
armer Kerl wieder den Regenschirm vergessen
hatte, dann winkte Karsten eifrig mit den Ohren
und rief: „Komm und stell dich bei mir unter."
Natürlich machten die pitschnassen Hunde
gerne von dem Angebot Gebrauch und stellten
sich bei Karsten unter. Leider passten viele
der durchnässten Vierbeiner nur halb unter den
Briefkasten, weil es ja nicht nur kleine, sondern
auch eine Menge großer Hunde gibt. Und von
denen ragte oft ein ganzes Stück unter Karsten
hervor, hinaus in den Regen. Aber das machte
ihnen nicht die Bohne aus. Im Gegenteil. Alle

Dackel lassen gern ihr Hinterteil im Regen stehen, weil sie immer länger werden wollen. Auch Bernhardiner strecken ihre dicken Köpfe gerne in den Regen, weil der bekanntlich sehr viel klüger macht.

Und noch etwas tat der gute Karsten für seine vielen Schnüffelfreunde. Er ließ sie Briefe überbringen. Natürlich niemals gar zu weit, in eine fremde Stadt oder in ein andres Land. Nur an Adressen in der Nähe, zum Beispiel in die Goethe- oder Schillerstraße, ließ er Post von seinen Hunden bringen.

Hatte Karsten seinen Kasten mal so richtig voll, dann rief er einen Dackel oder Pudel herbei und fragte: „Hast du Zeit?"

Und natürlich hatten alle Hunde Zeit für Karsten. Es war eine Ehre, für ihn unterwegs zu sein. Nun rülpste Karsten zweimal kräftig und schon flog ihm jener Brief, der so furchtbar eilig war, aus den Ohren. Der Hund nahm ihn ins Maul und raste zu der angegebenen Adresse. Dort drückte er mit seiner Pfote auf den Klingelknopf. Und wie war die Freude groß, wenn so ein Brief, der erst am nächsten Tag erwartet wurde, schon heute kam. Besonders junge Liebesleute freuten sich wie Könige, die alten Verliebten freuten sich natürlich auch. Alle hüpften vor Freude in die Luft. Die

jungen Verliebten etwas höher als die alten
Verliebten und sie riefen laut: „Hurra, hurra, die
Hundepost ist da!"

Und das Beste war, nachdem die Leute ihre Briefe
in Empfang genommen hatten, liefen sie ins Haus
und holten für den Hundepostillion ein wohl-
verdientes Leckerchen. Ein Stück Wurst, ein halbes
Schnitzel, eine Bienenhonigschnitte, manchmal
auch ein ganzes Steak oder Hundemarzipan.

Eines Tages wurde Karsten Post schwer krank.
Alle seine Freunde erschraken zu Tode, als sie
ihn am Morgen zu Gesicht bekamen. Karsten
war doppelt so gelb wie sonst. Er ächzte und er
stöhnte.

Otto, ein englischer Bulldogg, er hatte acht
Semester Medizin studiert, kletterte sofort auf
den Rücken seines besten Freundes, des Boxers
Wotan. Von dort aus legte er sein Ohr an den

Bauch des kranken Karsten und horchte ihn ganz gründlich ab.

„Gelbsucht", sagte er und wurde blass. „Es besteht Lebensgefahr."

Natürlich erschraken die Hunde zu Tode und sie fragten: „Woher kommt denn so was?"

„Von der Leber." Otto seufzte schwer.

„Was macht den Ärmsten denn so krank?", fragten nun die Hunde und sahen voller Angst hinauf zu Karsten Post, der immer gelber wurde.

In diesem Augenblick kam die elegante Frau Möbius aus der Modeboutique „Möbius und Möbius". Sie hatte ein dickes Kuvert in der Hand und lief die Straße entlang, direkt auf den Briefkasten zu.

Karsten Post stieß ein furchtbar stöhnendes Röcheln aus und sagte: „Jetzt geht's mit mir zu Ende, Freunde."

Bulldogg Otto fühlte dem leidenden gelben Freund sofort wieder den Puls. „Macht dich Frau Möbius etwa krank?"

„Nicht sie", erklärte Karsten stöhnend. „Aber ihre Briefe und die ihres Mannes. Die beiden wollen sich scheiden lassen und sprechen schon seit siebzehn Monaten kein einziges Wort mehr miteinander. Sie schreiben sich nur noch Briefe. Aber fragt mich bitte nicht, was für welche."

„Böse Briefe etwa?", fragte jetzt die Dobermännin Ingrid.

„Bitterböse", seufzte Karsten. „Ihre Briefe sind so giftig und gemein, dass es mir jedes Mal Herz und Leber fast zerreißt, wenn ich sie lese."

„Dann lies doch diese Briefe nicht", schlug nun Norman, ein kastanienroter Setter, vor. „Gib sie ungelesen weiter."

„Ein Briefkasten, der seine Briefe nicht liest!
Bist du noch zu retten?" Karsten Post schüttelte den Kopf. „Was glaubst du, woher meine Bildung stammt. Mein ganzes, großes, ungeheures Wissen kommt aus all den Briefen, die ich schon gelesen habe."

„Deine Gelbsucht aber auch", brummte Bulldogg Otto. „So geht es jedenfalls nicht weiter."

„Und was soll ich machen?", fragte Karsten. Er
stöhnte nun entsetzlich, denn Frau Möbius war
jetzt da. Sie hob sein rechtes Ohr und steckte ihren
Brief in ihn hinein. Dann ging sie sehr, sehr eilig
weiter, denn vom anderen Ende kam ihr Mann mit
einem Brief. Auch er steckte ihn in Karsten Post
hinein und ging dann gleichfalls seiner Wege.
„Meine Hunde, lebet wohl", sagte Karsten nunmehr
traurig. „Ich muss jetzt meine Pflicht erfüllen,
dieses Zeug hier lesen und dann, wie es sich für

einen guten, gelben Briefkasten gehört, auf der
Stelle sterben. An meinem Grabe soll der Riesen-
schnauzer Alfred reden, er kann das immer noch
am besten.

Nun begannen alle Hunde bitterlich zu weinen
und auch Karsten Post liefen dicke Abschieds-
tränen über den Bauch.

Nur Bulldogg Otto als Mediziner behielt die Ruhe.
„An zwei Briefen stirbt ein echter Kasten nicht",
erklärte er.

„Wenn nicht an diesen beiden Briefen", seufzte Karsten, „dann eben an den nächsten. Sie werden weiterschreiben, bis ich ganz erledigt bin. Hört euch das doch nur mal an." Karsten begann den Brief nun vorzulesen, den Herr Möbius seiner Frau geschrieben hatte. „Helga, du alte, durchgeknallte Krähe …"

Alle Hunde heulten jetzt erschrocken auf. „Hör auf damit, wer soll denn so etwas aushalten?"

„Ich", sagte Karsten Post verzweifelt. „Ich halte es jetzt schon siebzehn Monate aus." Dann begann er den Brief von Frau Möbius an ihren Mann zu lesen. „Maximilian, du widerlicher Kotzbrocken …" Wieder schrien alle vor Entsetzen auf und Felix, der Bostonterrier, sagte: „Karsten stirbt uns wirklich weg, wenn hier nichts geschieht."

„Nur was?", fragte Otto, der Mediziner, verzweifelt und suchte hektisch den Puls von Karsten Post. „Diese Briefe müssen umgeschrieben werden", schlug jetzt Ingrid, die Dobermännin vor, die nach Feierabend für die Hundezeitschrift „Woff" als Journalistin tätig war.
„Umgeschrieben", fragte Karsten, „wie meinst du das?"

„Wir werden die ‚alte, durchgeknallte Krähe'
löschen und dafür etwas anderes in den Brief
schreiben."

„Für Dichtkunst habe ich leider kein Talent",
seufzte Karsten und stöhnte wieder vor Schmerzen
laut auf.

„Aber ich habe Talent", erklärte die Dobermännin
stolz, „und ich weiß auch schon, was man an
Stelle der alten, durchgeknallten Krähe schreibt."

„Was denn?", riefen alle Hunde aufgeregt und
auch der kranke Karsten Post spitzte begierig die
Ohren.

Die Dobermännin dachte nach und sagte: „Wir
schreiben für durchgeknallte Krähe einfach
‚du, mein verträumtes Vögelein'. Das ist genau
dasselbe, hört sich aber zehnmal besser an."

Die Hunde begannen sofort vor Begeisterung zu
jubeln und Luftsprünge zu machen.

„Und was schreiben wir an Stelle des alten,
widerlichen Kotzbrockens?", fragte Karsten Post.

„Ich glaube, das können wir nicht so einfach
umschreiben."

„Oh doch, die gibt es", erwiderte Ingrid. „Zum Beispiel: Maximilian, du mein appetitliches Filet."

„Filet und Kotzbrocken?", sagte Herrmann, ein alter Rottweiler, und sah Ingrid fragend an. „Das gehört doch nicht zusammen."

„Und ob", erwiderte die Dobermännin. „Wenn einem das schönste Filet so richtig schwer im Magen liegt, wird es…"

„Ein Kotzbrocken", bellten die Hunde einstimmig. Karsten Post fasste wieder Lebensmut. Er schrieb eifrig die beiden Briefe um und wirklich, die Eheleute Möbius fielen sich auf offener Straße in die Arme. „Ich will wieder dein verträumtes Vögelein sein, Geliebter", seufzte Frau Möbius. Herr Möbius weinte sogar vor Rührung. Er zwirbelte sich den tränennassen Bart und bemerkte verschämt: „Und ich dein appetitliches Filet."

Die beiden schrieben sich ab sofort keine Briefe mehr, schon gar keine giftigen, und Freund Karsten wurde gesund. Die schreckliche Gelbsucht verschwand, das Glück kam wieder. Zu unserem Karsten Post und allen seinen Freunden.

Es gab aber auch eine Menge Leute, die waren überhaupt nicht glücklich, dass Karsten noch am Leben war. Im Gegenteil. Alle Briefträger unserer Stadt hatten eine schreckliche Wut auf den Briefkasten. Seit es nämlich die Hundepost gab, verdienten sie sehr viel weniger Geld. Bisher hatten sie für jeden einzelnen Brief immerhin fünfzig Mark kassiert. Jetzt aber war es vorbei mit dem Reichtum. Sie bekamen nämlich überhaupt kein Geld mehr, sondern genau wie die brief-tragenden Hunde als Belohnung Rouladenreste, Leberwurstschnitten und Hundekuchen in die Hand gedrückt.

Und so beschlossen die Feinde von Karsten Post, ihn ein für allemal zu erledigen. Das war leicht. Alle Briefträger, ihre Frauen und Kinder, Omas und Opas, Freundinnen und Freunde schrieben plötzlich erbärmlich gemeine Briefe, in denen es von hässlichen Worten wie Sch… und Ar… nur so wimmelte. Diese Briefe warfen sie dann säckeweise in den armen Karsten hinein. Alles Weitere kann man sich denken. Karsten Post

wurde auf der Stelle so schrecklich krank, dass
seine Leber wie bei einem Erdbeben zu hüpfen
begann, sein Magen wie ein alter Blecheimer
dröhnte und sein gutes Herz zu zerspringen
drohte. Natürlich versuchte Karsten auch diese
bösen Briefe umzuschreiben in gute. Doch es
waren viel zu viele. Unser Briefkasten wurde nun
so krank, dass eines Tages das Postkrankenauto
kam und ihn in das Briefkastenkrankenhaus
brachte. Dort wurde er sofort operiert. Am Bauch.
Er bekam einen neuen. Aber keinen neuen Job

mehr, weil er viel zu alt war mit seinen neunundvierzig Jahren.

Karsten ist jetzt Pensionär und ruht sich aus. Ihm
fehlt nicht viel, nur seine Schnüffelfreunde. Und
denen fehlt ihr Karsten auch. Sein goldenes Herz,
das sie mit seiner Wärme erfreute, und der sichere
Unterstand bei Regen.

Natürlich weiß ein jeder von uns Hunden, wem der
ganze Ärger zu verdanken ist, und Ihr wisst es jetzt
auch. Und wenn euch wieder mal ein Postmann
sagt, dass er wirklich gar nicht weiß, warum ihm
Roderich, der Fox, die Beine langgezogen hat oder

Dackel Erwin die Hosen ein wenig durchlöcherte,
dann schwindelt er. Er weiß es ganz genau.
Es ist wegen Karsten Post, dem Briefkasten.

Und nun zurück zu Jesper, meinem rotgelockten
Hund.
Er hebt noch immer gleich sein Bein, wenn er
einen Postmann sieht, und lehnt es ab, nur einen
einzigen Pfennig für diese Hundefeinde auszu-
geben. Darum fahren wir unsere Post natürlich
selber aus.
So auch letzten Freitag gegen vierzehn Uhr, einen
Brief von Edith, meiner Frau, für Onkel Kurt in
Windisch-Italiano.
Das ist ein schönes, altes Dorf.
Dort gibt es zweiundsiebzig Leute und sieben-
undzwanzig Eiscafés, natürlich alle italienisch.
Und den Jungen Julio gibt es auch. Der sprang
gerade auf der Straße herum und sang aus vollem
Hals: „Oh sole mio!"
Jesper freute sich gewaltig und rief: „Grüß dich,
Julio, alte Maus."

Auch Julio freute sich gewaltig als er Jesper sah und sagte: „Ciao, Jesper, altes Haus. Wie geht's, wie steht's?"

„Gehen tut sich's gut, doch fahren tut sich's besser", kläffte Jesper fröhlich und sprang in seinen Korb. „Man sieht hier oben mehr von dieser Welt."

„Das glaub ich dir aufs Wort." Julio sah ein wenig neidisch zu Freund Jesper hoch. „Leider ist mein Rad kaputt und keiner kann's mehr reparieren."

„Du könntest Julio eine Gratistour spendieren",
schlug mir Jesper vor. „Ich steige um auf deinen
Buckel und Julio setzt sich hintenauf. Bist du
einverstanden?"
Ich war es, und Freund Julio stieg begeistert in
den Korb. Jesper aber machte einen eleganten
Satz in meinen Rucksack. Die Fahrt ging los und
die Geschichte auch.

Zwei Verräter

Es gab mal eine Zeit, da wollte Julio überhaupt nicht mehr im Garten spielen. Das lag an einer neuen Nachbarin und ihrem Sohn. Der war so alt wie Julio und hieß Konstantin. Zur neuen Nachbarschaft gehörte auch ein Hund. Er hieß Rex und war natürlich weder Kommissar noch Schäferhund. Nur ein kleiner, weißer Pudelmix und musste auch noch ständig an der Kette liegen. Hunde sind, wie jeder weiß, sehr lustige Gesellen.

Der arme Rex jedoch war immer traurig. Ein Hund gehört ins Haus zu seinen Menschen und keinesfalls an Ketten vor irgendwelche kalten Hundehütten. Er muss täglich lange Strecken laufen, um gesund zu bleiben und sich des Lebens zu erfreuen. Der kleine Rex an seiner Kette aber hatte wenig Grund zur Freude.

Jeden Tag bat Julio Konstantin, den Hund doch einmal loszumachen und mit ihm in den Wald zu gehen, dort mit ihm zu spielen, Ball zu werfen und ein bisschen Stöckchenholen.
Doch Konstantin war absolut dagegen. Er hatte seine Gründe. „Der erste Grund", so sagte er zu

Julio, „ist die Gefährlichkeit von Rex. Er ist nämlich
gar kein richtiger Hund, sondern der T-Rex-Saurier
aus Jurassicpark. Diese Tiere dürfen hier in
Deutschland überhaupt nicht ohne Kette leben,
weil sie sonst die Leute fressen und den
Bürgersteig zertrampeln."

Der zweite Grund war, dass der arme Rex jede
Menge Geld und Gold und sieben Kilo Diamanten
streng bewachen musste. Das alles hatten
Konstantin und seine Frau Mama in ihrem Haus
gebunkert. Auch das feuerrote Mountainbike des
Jungen mit den neunundvierzig Gängen musste

Wachhund Rex von früh bis spät sehr aufmerksam
bewachen. Deshalb durfte er auch niemals von
der Kette und blieb so traurig wie er war.

Eines Tages musste Julio sehen, dass Konstantin
mit einem Stock auf Rex einschlug. Er lief sofort
zu Konstantins Mama und sagte ihr, was gerade
mit dem armen Hund geschehen war. Sie aber
schüttelte den Kopf. „Du bist mir echt ein schöner
Schwindler, Julio. Mein liebes Konstantinchen
würde so was niemals machen. Er kann keiner

Fliege was zu Leide tun. Erst recht nicht einem Hund."

Schon am nächsten Tag rief Konstantin: „Julio, du Verräterschwein. Wenn du mich noch mal verrätst, geht's dir ebenso wie Rex. Da kannst du Gift drauf nehmen."

Julio aber nahm kein Gift. Denn hätte er's genommen, säße er heute nicht bei uns im Korb. Und weil Julio keine Schläge wollte, ging er auch nicht mehr zu Konstantins Mama, obwohl der schlimme Typ den kleinen Wachhund immer weiterquälte.

Eines schönen Tages aber war Freund Rex verschwunden. Das feuerrote Mountainbike mit neunundvierzig Gängen auch. Dazu die ganzen Millionen, die sieben Kilo Diamanten und die vierzehn Zentner Gold.

„Oh mein armer, armer Konstantin, alles ist hin", jammerte die Nachbarin. „Geld ist weg, Mountainbike ist weg. Konstantin liegt auch im Dreck."

Und dort lag der Typ tatsächlich. Er hatte sich vor Schreck und Wut in den Straßenstaub geworfen und heulte laut: „Schuld ist nur der Hundesaurier Rex. Verraten hat uns dieses schlechte Tier. Er hat das Geld nicht gut genug bewacht und auch nicht mein feuerrotes Mountainbike mit den neunundvierzig Gängen. Noch nicht einmal seinen Räuber hat er in den Ar... gebissen oder in der Luft zerrissen. Er hat noch nicht einmal gebellt. Unser schönes, vieles Geld."

„Rex an seiner Kette konnte überhaupt nichts machen", sagte Julio, „weil er angebunden war."

„Aber bellen konnte er", schrie Konstantin.

„Doch wohl nicht für dich", dachte Julio und er freute sich. Weil der arme kleine Hund nun nicht mehr an der Kette liegen musste.

Ein Jahr später freute Julio sich noch mehr. Er war mit seinen Eltern an den Bodensee gefahren. Und wen sah Julio dort? Seinen alten Freund, den Wachhund Rex. Der lief fröhlich und vergnügt, ohne jede Leine, neben einem roten Mountainbike mit neunundvierzig Gängen her. Um den Hals trug Wachhund Rex ein Band mit vierundvierzig Diamanten. Auch an jeder Pfote glänzten dicke

goldene Ringe. Auf dem Fahrrad aber saß ein
junger Mann, der hatte Perlen und Smaragde
in der Nase und in jedem Ohr. Und wie gut die
zwei sich doch verstanden. Immer wieder sah der
Typ zu Rex nach unten und fragte voller Sorge:
„Bist du auch nicht müde, alter Junge?" Der
diamantene Rex jedoch lief topfit weiter neben
seinem Menschen her und freute sich des Lebens.
Den tapferen Julio aber, einen guten Freund aus
schweren Tagen, erkannte er in seinem Glück
nicht mehr.

Julio überlegte lange, ob er Konstantin von Rex am Bodensee erzählen sollte. Dann aber ließ es Julio sein. Er war schließlich kein Verräterschwein.

„Eine kurze Story", sagte ich zu Julio.

„Aber eine coole", schnaufte Jesper, „wie dieser Julio hier auch ein cooler Kumpel ist."

„Nicht nur cool", erklärte ich und schlug Julio auf die Schulter. „Dieser Junge ist genial wie alle, welche unsre Tiere schützen."

„Soll ich dir was sagen?", knurrte Jesper. „Menschen, die uns Tiere schützen, die werden auch von uns geschützt."

„Das riecht schon wieder nach Geschichten", sagte ich. „Erzähl doch mal."

„Geht jetzt leider nicht", kläffte Jesper hinter mir im Rucksack. „Das Buch ist nun am Ende. Und ich bin es auch. Hundemüde von der ganzen Rucksackfahrerei. Jetzt zieh nicht wieder ein Gesicht. Ich erzähl dir die Geschichte schon. Aber natürlich erst im nächsten Buch."

Die Geschichtenreihe
zum endlos Schmökern!

Henning Pawel
Hundegeschichten
60 Seiten   Gebunden   Ab 8 J.
mit ca. 30 farbigen Illustrationen.
Format: 17,5 x 24 cm.
ISBN 3-473-34451-6
öS 108,–   SFr. 14.80   DM 14,80

Karlhans Frank
Drachengeschichten
60 Seiten   Gebunden   Ab 8 J.
mit ca. 30 farbigen Illustrationen.
Format: 17,5 x 24 cm.
ISBN 3-473-34452-4
öS 108,–   SFr. 14.80   DM 14,80

Peter Abraham
Feriengeschichten
mit ca. 30 farbigen Illustrationen.
60 Seiten   Gebunden   Ab 8 J.
Format: 17,5 x 24 cm.
ISBN 3-473-34453-2
öS 108,–   SFr. 14.80   DM 14,80

Ursel Scheffler
Schulgeschichten
mit 31 farbigen Abbildungen.
60 Seiten   Gebunden   Ab 8 J.
Format: 17,5 x 24 cm.
ISBN 3-473-34454-0
öS 108,–   SFr. 14.80   DM 14,80